AF224093

LES BIENS

DE LA

FAMILLE D'ORLÉANS

ABROGATION DES DÉCRETS DU 22 JANVIER 1852

LES BIENS

DE LA

FAMILLE D'ORLÉANS

ABROGATION

des Décrets du **22 Janvier 1852**

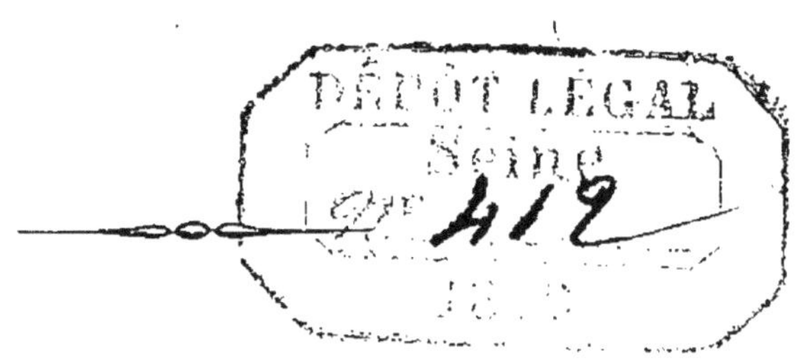

PARIS

A. SAUTON, LIBRAIRE-ÉDITEUR

41, RUE DU BAC, 41.

1872

LES BIENS

DE LA

FAMILLE D'ORLÉANS

ABROGATION DES DÉCRETS DU 22 JANVIER

Il est des principes protecteurs de la société qu'aucun gouvernement ne peut enfreindre, même dans une seule occasion, sans porter une grave atteinte à la société tout entière. Le droit de propriété est de ce nombre. La loi qui garantit l'inviolabilité de la chose possédée, dans la personne de celui qui possède, protége également contre les usurpations de la fraude et de la violence le champ du petit cultivateur et le vaste domaine du grand propriétaire. Tous deux ont le même intérêt à ce qu'elle soit respectée. « Violer le droit de propriété dans un seul, c'est le violer dans tous. » Cet axiome de droit géné-

ral a été formulé dans ces termes énergiques par
l'empereur Napoléon, qui eut lui-même le mal-
heur de ne pas l'observer toujours. Son neveu
le méconnut complétement lorsqu'en 1852,
usant du pouvoir absolu que lui donnait le coup
d'État du 2 Décembre, il confisqua le patrimoine de la famille d'Orléans.

L'étendue de l'injure faite au droit en cette
circonstance, se trahissait clairement dans les
considérants destinés à justifier l'acte de confiscation. On y lisait que, même privés du domaine de leur père, les princes d'Orléans con-
serveraient encore de quoi soutenir leur rang
à l'étranger. Il n'était pas possible de mettre
en avant, pour motiver une iniquité, un prétexte plus dangereux et plus antisocial. Imagi-
nez l'État se faisant juge de la fortune qui suffit
à tel ou tel propriétaire et s'emparant de tout
ce qui dépasse cette moyenne; imaginez-le di-
sant au duc de Luynes ou à M. de Rothschild :
« Vous avez trop d'une fortune si considérable;
avec le quart de ce que vous possédez actuel-
lement vous vivrez encore très à l'aise; gardez
ce quart; je prends les trois autres quarts pour
moi. » Non, un pareil langage ne se conçoit

pas de la part d'un chef d'État. C'est à peine si le socialisme le plus violent a osé proclamer une telle doctrine, et jusqu'à présent il ne s'est pas trouvé un gouvernement, même révolutionnaire, pour l'appliquer. La dictature seule de 1852 se l'est permis à l'égard des princes d'Orléans, sans doute parce qu'ils étaient princes.

Mais si cette doctrine de la spoliation des riches au profit de l'État est monstrueuse appliquée à des particuliers, l'est-elle moins quand on l'applique à des princes que les événements ont ramenés à la condition privée? Les biens qu'ils possédaient sous la protection de la loi, comme tous les autres citoyens, peuvent-ils leur être enlevés par la seule volonté du chef de l'État? La confiscation, entièrement bannie de nos lois actuelles, avait quelque chose de moins odieux que cet arbitraire; elle répondait à des faits qualifiés par la loi; elle ne s'exerçait ou ne devait s'exercer que dans les cas prévus par la loi; elle n'en était pas moins une pénalité cruelle, abusive, que notre législation moderne a eu grandement raison de supprimer; mais que dire alors de la confiscation qui dépend du caprice d'un seul et qui s'exerce en dehors de

toutes les prévisions, de toutes les prescrip-
tions de la loi? Est-il rien de plus dangereux
pour la sécurité des particuliers? Tout honnête
homme ne doit-il pas désirer que l'acte par le-
quel s'est accomplie cette violation du droit de
propriété soit aboli et que les dommages qui en
sont résultés soient réparés?

Cette question posée devant une Assemblée
libre, éclairée, sera aussitôt résolue que posée.
On n'aurait pas même à la poser devant le public si l'ignorance, l'erreur, les haines politiques, la mauvaise foi n'avaient jeté des doutes
sur la nature des biens confisqués en 1852. La
propriété qui avait fait l'objet de la donation du
duc d'Orléans à ses enfants avant son avénement au trône, provenait de mariages, de suc-
cessions, d'achats; elle avait un caractère tout
privé, et l'État n'y avait pas plus de droit que
sur celle de tout autre particulier. Elle était
considérable, bien quelle le fût moins que la
fortune de certains grands propriétaires en An-
gleterre, en Hongrie, en Russie; mais eût-elle
compté encore plus de domaines, que l'État
n'aurait pas été pour cela plus autorisé à s'en
saisir. Le duc d'Orléans avant de devenir roi

sous le nom de Louis-Philippe possédait l'apanage héréditaire de sa maison qui formait près des deux tiers de sa fortune et qu'on estimait à plus de 100 millions. Par suite de son avénement au trône, cet immense domaine apanager fut réuni à la dotation immobilière de la Couronne, et, depuis 1848, il s'est confondu avec le domaine de l'État; de sorte que la révolution de 1830 eut pour effet de retirer à la famille d'Orléans plus de 100 millions de biens qu'elle possédait depuis le milieu du XVIIe siècle. Cependant telle est la force des préjugés, tel est l'effet de la calomnie qu'il se trouverait peut-être encore des personnes pour soutenir que l'avénement de Louis-Philippe profita à la fortune de sa famille : il ne profita qu'à la France, qu'il préserva de l'anarchie, et à la dotation de la Couronne, qui s'enrichit de tous les biens apanagers de la maison d'Orléans.

Les apanages venaient de l'État, ils revinrent à l'État; mais la fortune propre et privée du duc d'Orléans ne venait point de l'État et ne devait pas y revenir. Le prince en disposa en faveur de ses enfants avant d'accepter la couronne.

C'est ce domaine privé que le décret du 22 janvier déclara acquis à l'État. Pendant vingt ans, l'État a perçu le revenu de ces biens, évalué à cette époque par le gouvernement impérial, lui-même, à 1 600 000 francs.

Ce revenu, a dû s'accroître considérablement entre ses mains ; car il s'empressa de vendre des propriétés situées à Paris ou aux environs, à Monceaux, Neuilly et Bondy, qui rapportaient peu ou point, et qui lui permirent de réaliser une somme de plus de 20 000 000, dont les intérêts ont dû porter à environ 2 500 000 fr. le chiffre des revenus du domaine confisqué.

Mais, même en laissant de côté cet accroissement considérable, en nous tenant au chiffre indiscutable, 1 600 000 fr. pendant vingt ans, donnent encore une somme de 32 000 000, dont la famille d'Orléans a été injustement dépouillée.

L'État, en outre, a vendu successivement la plus grande partie des biens qui composaient ce domaine, et a encaissé de ce chef plus de 36 000 000.

Voilà donc un bénéfice illégal, réalisé par l'État, au détriment de la famille d'Orléans, bénéfice énorme que dans l'hypothèse la plus modérée l'on ne peut estimer à moins de 68 000 000 de francs.

L'État, de son côté, a justement le droit d'opposer des compensations. En effet, il a commencé en 1856 la réparation du dommage causé par le décret de 1852, en constituant au profit des trois princesses de la famille d'Orléans, mariées à des princes étrangers, trois rentes de 200 000 francs chacune, pour les indemniser de la part héréditaire qui leur avait été enlevée.

Ces rentes, au jour de leur création, représentaient un capital de 14 345 000 fr.; une des branches féminines ayant touché les arrérages de sa rente pendant seize ans, ajoutons au crédit de l'État, 3 200 000 fr.; les deux autres branches féminines n'ayant pas accepté la réparation partielle, n'ont pas touché leurs arrérages pendant dix ans; mais comme elles ont droit aux arrérages des cinq dernières années non encore prescrits, le compte des arrérages au crédit de l'État grossit encore, de ce chef, d'une somme de 2 000 000 [1].

---

1. On a dit, bien à tort, que l'abrogation des décrets du 22 janvier ferait passer quelques-unes des propriétés restituées ou leur équivalent entre les mains de personnes ayant pris part à la dernière guerre, dans les rangs de nos ennemis. C'est par le mariage

L'État, en confisquant le domaine privé, s'est trouvé substitué au légitime propriétaire vis-à-vis des créanciers hypothécaires. Il a payé, à ce titre, en annuités d'emprunt à la décharge du domaine privé, une somme de 16 322 000 fr. Enfin, il a pris à sa charge des pensions dont le service lui a déjà coûté environ 4 500 000 fr., et pour la continuation desquelles il convient d'attribuer encore un capital de 1 500 000 fr.

L'État est donc justement autorisé à déduire des 68 250 000 fr., les 44 867 000 fr., dont nous venons de donner le détail. C'est la différence,

---

des trois filles de Louis-Philippe qu'une partie de son héritage a passé à des étrangers. Ces étrangers sont : 1° les enfants de la reine des Belges, le roi actuel, le comte de Flandre et l'impératrice Charlotte : on sait combien les Belges nous ont été sympathiques dans nos malheurs; 2° le duc Philippe de Wurtemberg, fils unique de la princesse Marie. Né en France, élevé auprès de la reine Marie-Amélie, il est toujours resté Français de cœur. Marié à une archiduchesse d'Autriche, il est fixé depuis longtemps à Vienne, et tout à fait étranger, même par sa simple présence, à ce qui se fait dans le nouvel empire d'Allemagne; 3° le duc Auguste de Cobourg, par son mariage avec la princesse Clémentine, la seule survivante des filles de Louis-Philippe, et qui, restée Française par ses sentiments, ses traditions et ses goûts, est accourue à Paris pour revoir le berceau de sa famille aussitôt que l'exil n'en a plus écarté ses frères et ses neveux. Le duc Auguste de Cobourg, héritier de la famille hongroise des Cohary, s'est fait absolument Autrichien. Il habite Vienne et est membre du Reichsrath. L'un de ses fils est dans l'armée autrichienne, l'autre dans la marine brésilienne. Malgré les mariages des princesses à l'étranger, on n'a donc pas vu un seul descendant de Louis-Philippe parmi nos ennemis.

soit plus de 26 000 000, que le Trésor doit aux princes du chef de la confiscation et dont ils font l'abandon.

La calomnie pourra bien essayer de transformer en un acte d'avidité un sacrifice d'autant plus généreux, que plusieurs des princes d'Orléans n'ont qu'une fortune très-modeste; mais l'audace du mensonge ne prévaudra pas sur la vérité qui ressort du simple exposé des faits.

Quelques personnes ont prétendu que les princes, au lieu d'accepter de la loi récemment proposée par le gouvernement, une réparation incomplète, auraient dû porter leurs réclamations devant les tribunaux; d'autres soutiennent qu'ils n'en avaient pas le droit. Nous croyons qu'ils l'avaient, qu'ils l'ont, malgré la déclaration de conflit arrachée au Conseil d'État en 1852. Les tribunaux ouverts à tous les autres clients, se fermeraient-ils devant ceux-ci uniquement parce qu'ils sont les descendants de saint Louis et d'Henri IV? Les princes d'Orléans seraient-ils les seuls Français qui ne puissent obtenir justice en France? Non, une pareille supposition ferait injure à la magistrature. Le tribunal civil de la Seine, qui se déclarait compétent en 1852, retiendrait la cause portée devant lui, et nous ne croyons point trop augurer de l'équité des juges, en affirmant qu'ils ne décideraient pas qu'une administration publique a, de son autorité seule et sans intervention de la justice, le droit d'envahir les propriétés d'un particulier et de les mettre en vente. L'issue de cette action, s'il plaisait aux princes de l'intenter, ne serait pas douteuse. Mais les princes aiment mieux sacrifier une notable partie de leur fortune, que de porter le trouble parmi les acquéreurs de leurs biens confisqués et d'ajouter aux charges de l'État en poursuivant la restitution rigoureuse de ce qui leur est dû.

En rendant aux princes leurs biens non vendus, l'État se prive d'un revenu de moins d'un million. Si minime relativement que soit cette somme, nous comprendrions que l'État n'y renonçât point, s'il avait le droit de la garder, mais il n'a aucun droit sur le domaine privé de Louis-Philippe : c'est ce que l'histoire de ce domaine démontre avec une évidence qui défie toute contradiction.

Les biens dont le duc d'Orléans donna la nue propriété à ses enfants, le 7 août 1830, lui venaient en grande partie de la succession de sa mère, fille du duc de Penthièvre. Cet excellent prince, si célèbre par sa bienfaisance, ne fut point inquiété sous la Révolution. Il mourut en 1793, désolé des malheurs de sa famille, mais libre jusqu'à ses derniers moments ; ses biens, dont il avait fait le plus généreux usage , passèrent sans aucune difficulté à sa fille, femme du duc d'Orléans. La duchesse d'Orléans n'émigra pas ; cruellement atteinte dans toutes ses affections, elle resta constamment attachée au sol de sa patrie, jusqu'à ce qu'un ordre du Directoire l'envoyât en exil, après le coup d'État du 18 fructidor. Quand il lui fut permis de revenir en France, en 1814, elle rentra naturellement en possession de l'héritage de son père ; elle le transmit à ses deux enfants survivants, le duc d'Orléans, depuis le roi Louis-Philippe et Madame Adélaïde. La source toute privée de cette fortune, sa transmission régulière par héritage ne pouvaient être niées, et ceux mêmes qui ont confisqué les biens de Louis-Philippe n'ont jamais dit que ces biens ne fussent pas sa propriété légitime ; c'est d'un autre motif qu'ils ont appuyé leur spoliation.

Le reste de la fortune privée de Louis-Philippe provenait de la succession de son père, mort pendant la Révolution : succession onéreuse, chargée de dettes, que le duc d'Orléans accepta sous bénéfice d'inventaire, et dont il poursuivit la liquidation plus dans l'intérêt des créanciers et pour l'honneur de sa maison que dans son intérêt propre. Cette liquidation était achevée en 1830 ; le duc d'Orléans avait racheté de ses deniers, à la barre des tribunaux, les biens de son père, et son patrimoine était libre de toutes dettes.

La fortune dont il jouissait alors se composait : 1° De l'apanage de la famille d'Orléans, constitué par le roi Louis XIV en faveur de son frère puîné Philippe, apanage estimé approximativement à 100 millions et donnant un revenu net de 2 000 000 de francs environ ; 2° De son domaine privé, d'une valeur difficilement appréciable en capital et d'un revenu net de 13 à 1 400 000 francs.

La révolution de 1830 le trouva dans cette grande et belle position.

Les deux Chambres, redoutant l'anarchie, crurent devoir appeler sur le trône, vacant par la force des événements, le prince qui en était le plus rapproché après ceux que la révolution victorieuse venait d'en éloigner. Le duc d'Orléans ne refusa pas le redoutable honneur qui se présentait à lui comme un devoir suprême envers la France ; mais au moment d'accepter cette grande mission et de s'y vouer tout entier, il avait aussi un devoir à remplir envers sa famille ; devant une révolution qui ne montrait que trop la fragilité du droit héréditaire, devant la réunion imminente de l'apanage de sa maison au domaine de la Couronne, il dut songer à réserver au moins à ses enfants cette partie de sa fortune qui lui appartenait en propre.

Le 7 août 1830, deux jours avant de prêter serment à la Charte et de prendre le titre de roi, le duc d'Orléans fit donation à ses enfants, à l'exception de son fils aîné, de tous les biens dont se composait son domaine privé ; il s'en réservait l'usufruit.

Le décret de confiscation de 1852 prétend que cette donation était nulle, parce que, dit-il, « D'après l'ancien droit français, maintenu par le décret du 21 septembre 1790 et par la loi du 8 novembre 1814, t   s les biens qui apparte-

naient aux princes lors de leur avénement au
trône étaient de plein droit et à l'instant même,
réunis au domaine de la Couronne. »

Ce droit qui faisait partie de l'ancienne législation féodale, n'était certainement pas applicable à
la monarchie moderne de 1830. Il avait eu sa
raison d'être à une époque où le domaine de
l'État n'était pas distinct du domaine du roi, et
où la loi ne réglait point la somme que le souverain prélevait pour son usage sur les revenus
publics. Depuis 1790, la confusion entre le domaine de l'État, le domaine de la Couronne et
le domaine privé, a cessé; la liste civile a été
constituée. Il est vrai qu'en admettant le
domaine privé du souverain, les législateurs
de 1790 et de 1791 crurent devoir conserver
le droit de dévolution, comme une tradition
respectable de l'ancienne monarchie. C'était
une anomalie dans la monarchie démocratique
qu'ils essayaient de fonder. Du reste le droit de
dévolution, la Constitution et la royauté même,
furent bientôt après emportés par la Révolution.

Napoléon en rétablissant la monarchie à son
profit, en fit disparaître formellement le principe féodal de dévolution, et consacra de plus

le droit pour le souverain de posséder un domaine privé et d'en disposer librement. Ce fut l'objet du sénatus-consulte de 1810.

En 1814, le roi Louis XVIII, par un certain goût pour les vieilles traditions royales, et aussi par des considérations personnelles tirées de la modicité de son domaine privé et du chiffre élevé de ses dettes, contractées à l'étranger, fit reparaître de nouveau dans nos lois ce principe féodal qui en semblait banni pour toujours, et qui y resta comme un vestige du passé. Sous le règne de Charles X, aucune loi n'abrogea le droit de dévolution, mais ce prince en avait répudié les conséquences en disposant de sa fortune privée avant son avénement au trône ; il en avait donné la nue propriété à son second fils le duc de Berry, le 9 novembre 1819. Cet acte servit de modèle à la donation du duc d'Orléans.

Quand la monarchie traditionnelle fut renversée en juillet 1830, le principe féodal, qui s'y rattachait comme un rameau au tronc, tomba avec elle. C'est ainsi que le sénatus-consulte de 1810 n'avait pas survécu à l'empire. Les Chambres avaient sans doute le droit de relever cet antique principe ét de le placer dans notre nouvelle loi constitutionnelle ; il n'était nullement vraisemblable qu'elles le fissent, mais enfin elles pouvaient le faire. Pour n'avoir pas à débattre plus tard devant les députés et les pairs les intérêts de son domaine personnel, pour n'avoir pas à mêler une discussion d'intérêt privé à des débats qui devaient rester .tout politiques, le duc d'Orléans résolut d'imiter le comte d'Artois et de disposer d'avance de ses biens propres en faveur de ses enfants.

Ainsi, quand même on admettrait, ce qui est contraire à toute logique, que le principe de dévolution survivait à une révolution qui faisait disparaître la vieille monarchie elle-même, ce principe n'eût point été applicable aux biens dont le duc d'Orléans avait disposé lorsqu'il n'était encore que lieutenant général du royaume.

La validité de la donation du 7 août n'a jamais été sérieusement contestée. Toutes les Assemblées libres, Parlements républicains ou Chambres monarchiques, qui se sont succédé en France depuis 1830, l'ont admise sans difficulté ; elles n'ont pas pensé qu'un acte si évi-

demment légal pût fournir matière à discussion.
Peut-être nous n'aurions pas dû nous y arrêter;
mais dans un sujet où les passions politiques,
avec leur ignorance et leur mauvaise foi habi-
tuelles, se mêlent inévitablement, il faut pré-
voir même les objections les moins fondées et
les moins raisonnables.

Non-seulement cette donation ne privait l'É-
tat d'aucun revenu, puisque même, en supposant
que les biens du duc d'Orléans eussent été réunis au domaine de la Couronne, le roi en serait
resté l'usufruitier comme de tout le reste du
domaine, mais encore elle devint pour les finances de l'État la cause d'un allégement sen-
sible. Les Chambres y trouvèrent une raison ou
un prétexte de réduire considérablement la liste
civile et de ne point accorder aux enfants du
roi Louis-Philippe des dotations ou apanages
comme en ont toujours reçu les princes sous
la monarchie. Le prince royal eut un million de rente, qui fut porté à deux millions
après son mariage; la reine des Belges reçut
un million en capital. Les autres princes n'eu-
rent que leur part du domaine privé, et ne re-
çurent rien de l'État. Cependant sous les Bour-

bons de la branche aînée, les princes de la famille royale recevaient huit millions par an. On
peut approuver ou blâmer la résolution des Chambres, mais on conviendra au moins que la donation, qui dispensait l'État de payer six à sept
millions par an, ne lésait pas le trésor public.

La calomnie aura beau s'obstiner, elle ne
peut rien contre des faits évidents. Les ennemis
de Louis-Philippe lui reprochent d'avoir trop
aimé l'argent; cette accusation fera-t-elle que
sa liste civile n'ait pas été de douze millions
seulement, au lieu de vingt-cinq ou trente
reçus par les souverains qui l'ont précédé ou
qui l'ont suivi sur le trône? fera-t-elle que les
dotations, sous son règne, n'aient été beaucoup
moindres aussi, et qu'avec des ressources si
avarement mesurées, il n'ait embelli, orné,
enrichi le domaine de la Couronne, fort au
delà de ce qu'on avait fait avant lui, de ce
qu'on a fait après lui? C'est de l'histoire.

Le premier projet de loi sur la liste civile fut
présenté en décembre 1830 par M. Laffitte, prési-
dent du ministère, et M. Dupont de l'Eure, garde
des sceaux. Ces deux ministres, qui n'étaient
pas suspects de prédilections monarchiques bien

vives, réduisirent considérablement le chiffre affecté aux dépenses du souverain sous le règne précédent ; mais ils tinrent compte des conditions de la royauté en France. Ils proposèrent de fixer à dix-huit millions le chiffre de la liste civile; de faire de tout l'apanage d'Orléans la dotation de l'héritier présomptif de la couronne, et de constituer des apanages pour les princes puînés quand viendrait le temps de leur établissement.

Ce projet n'avait pas encore été discuté lorsque M. Laffitte se retira. Son successeur Casimir Périer, qui devait travailler avec tant de talent, de courage et de succès au rétablissement de l'ordre, craignit de blesser les susceptibilités de la Chambre s'il maintenait les propositions de M. Laffitte; peut-être aussi espérait-il rendre populaire la nouvelle royauté en montrant combien elle prélevait moins que la précédente sur les finances de l'État. La liste civile fut réduite à 12 millions par la loi de 1832, le principe de l'apanage fut écarté, et remplacé par une dotation d'un million faite au prince royal et la promesse de dotations pour les enfants puînés, dans le cas d'insuffisance du domaine privé.

La loi effaçait définitivement le principe de dévolution ; mais si elle consacrait la validité de la donation du 7 août, si elle autorisait le roi à posséder un domaine privé et à en disposer librement, elle faisait retomber sur ce domaine des charges que jusque-là l'État avait supportées. On a dit pourtant que du fait du domaine privé l'État se trouvait frustré. C'est le contraire qui est vrai. L'État promettait des dotations dans le cas d'insuffisance du domaine privé ; or, quoique le domaine privé, avec ses 1 300 000 francs de revenu, fût notoirement insuffisant, jamais les dotations ne furent accordées.

Il y a plus, la Chambre crut devoir retirer à la Couronne, pour les donner directement à l'État, plusieurs grands domaines, entre autres celui de Rambouillet. Ce fut l'apanage d'Orléans qui servit à combler le vide. Cet apanage, le duc d'Orléans en avait été un si bon administrateur et si désintéressé usufruitier qu'il lui avait donné une plus value de 8 millions ; la Chambre, en réunissant l'apanage à la Couronne, déclara que la plus value serait estimée et qu'après la mort du roi on verrait à en tenir compte à sa famille. L'estimation se fit, en effet, mais le reste de la décision demeura lettre morte aussi bien que l'article sur les dotations.

La loi de 1832, si parcimonieuse envers la royauté, plaçait le roi Louis-Philippe dans une situation difficile. Ce prince avait personnellement des goûts très-simples, mais il savait que la royauté a toujours été entourée en France d'une splendeur dont il lui répugnait de la dépouiller ; il avait trop le sentiment de sa race pour vouloir que la couronne royale perdît sur sa tête son éclat héréditaire. Il lui en coûtait aussi de restreindre sa bienfaisance qu'on a méconnue, parce qu'il la pratiquait sans ostentation. Comme Henri IV et Louis XIV, il aimait à bâtir, et comme eux il se plaisait à appeler tous les arts à l'embellissement des palais de la Couronne. Ces sentiments, ces goûts si dignes d'un prince, comment les satisfaire avec les ressources modiques de la liste civile ? Louis-Philippe aurait mieux consulté les intérêts de sa famille, sa propre tranquillité, et aurait évité sans doute bien des accusations injustes, s'il eût apporté dans l'emploi des 12 millions de sa liste civile l'économie que ses ennemis lui ont reprochée ; s'il avait joui du domaine de la Couronne en simple usufruitier qui conserve, mais qui ne cherche ni à améliorer ni à embellir; s'il n'avait fait dans les anciennes résidences princières que les dépenses indispensables. Il eût été ainsi un père de famille plus prévoyant; mais comme roi la postérité l'honorerait moins. Versailles, et Fontainebleau, royalement restaurés, dureront encore quand les mensonges de la haine seront depuis longtemps oubliés. La conduite qu'a-dopta le roi Louis-Philippe dans l'administra-tion du domaine de la Couronne eut ce résultat qu'en 1848, lorsque éclata la révolution de Février, il devait 28 millions, lui qui ne devait rien en 1830; c'est ainsi qu'il s'était enrichi sur le trône.

La source de ces dettes, où nous n'avons point compris les droits de la succession de Madame Adélaïde, se trouve dans ses munifi-cences qui n'ont guère été révélées qu'après sa mort, et dans la manière dont il usa des palais et de domaines confiés à la royauté de 1830.

Lors de la liquidation de la liste civile en 1848, on a fait le relevé très-exact des produits et dépenses relatifs aux biens de la Couronne sous le règne de Louis-Philippe. Les produits dans ces dix-sept ans et demi ont été de 118 219 206 fr.; les dépenses de 168 753 818 fr. L'excédant des dépenses sur les recettes est de 50 534 612 fr. C'est donc cinquante millions que Louis-Philippe a prélevés sur une liste civile très-réduite, pour entretenir, réparer, embellir le domaine de la Couronne, dont il n'était que l'usufruitier, et dont l'État a repris possession, bénéficiant des dépenses faites par ce prince.

Le détail de ces dépenses, on le trouvera dans le compte authentique de la liquidation de la liste civile présenté par M. Vavin, liquidateur nommé par le gouvernement issu de la révolution de Février; mais on le trouvera plus clairement visible dans ce grand musée de Versailles, œuvre personnelle du Roi, conception vraiment patriotique, et dont l'exécution, poursuivie avec une ardeur infatigable et touchante, lui coûta seule plus de vingt-trois millions; dans les galeries de Fontainebleau, où des restaurations habiles ont rendu à notre admiration les chefs-d'œuvre de la Renaissance altérés par le temps; dans le château de Pau relevé de ses ruines; au Louvre; dans les manufactures de

Sèvres, des Gobelins et de Beauvais; et jusque sur le rivage africain dans le monument élevé à saint Louis. L'histoire n'oubliera pas ce que les beaux arts doivent à Louis-Philippe; elle a déjà dit qu'il les encouragea largement à ses frais et non aux frais de l'État.

Les dépenses si considérables que fit le roi Louis-Philippe pour les palais de la Couronne ne représentent qu'une partie de l'accroissement que lui dut la dotation immobilière, aujourd'hui domaine de l'État, dont par conséquent l'État lui est redevable. Dans l'ensemble des forêts du domaine, de 1831 à 1848, il fit planter ou semer 8800 hectares, receper et repiquer 1350 hectares des anciens tirés des chasses. C'était comme une forêt nouvelle de 10 000 hectares, dont il dotait l'État à ses frais. Il fit exécuter, toujours à ses frais, dans les forêts domaniales, un vaste réseau de routes, très-bien entendu, commode pour l'exploitation, et qui facilite aux promeneurs l'accès de ces belles forêts, un des plus admirables ornements de notre pays. Ce réseau, en y comprenant les chemins vicinaux restaurés, ne compte pas moins de 1000 kilomètres ou 250 lieues environ.

Cependant, telle est l'injustice des passions politiques, qu'on accusa le roi Louis-Philippe de détériorer les forêts domaniales et d'en tirer un revenu excessif. Ce fut, dans les dernières années de son règne, un des reproches que ses ennemis lui adressèrent le plus souvent. Sous la République, une commission fut nommée pour vérifier les prétendus abus de jouissance ; la commission, présidée par M. Troplong, se livra à un examen approfondi, et ne put que reconnaître l'excellence du mode d'exploitation forestière adopté sous le règne de Louis-Philippe [1]. Les forêts domaniales étaient si ménagées qu'elles donnaient un revenu inférieur de plus de 8 pour cent au revenu des forêts de l'État. Au contraire, quand l'État en eut repris la jouissance, il en tira un peu plus que des siennes propres. Le fait est significatif : Louis-Philippe se privait d'un revenu considérable pour mieux

---

1. Le rapport de M. Troplong ne fut jamais officiellement publié. Il serait resté dans l'ombre si M. Troplong, par respect pour la mémoire de Louis-Philippe, n'eût eu la pensée de le remettre au comte de Montalivet : tardif hommage rendu à la vérité dans la personne de l'intègre ministre qui, pendant quinze années, avait servi l'œuvre patriotique du roi Louis-Philippe avec le plus utile dévouement ! On trouve des extraits de ce rapport dans l'ouvrage de M. de Montalivet, intitulé : *Louis-Philippe, liste civile*, édit. de 1851.

conserver leur riche et majestueuse beauté aux forêts du domaine royal.

Quand on fait le compte des sommes que le roi Louis-Philippe a reçues de l'État pour soutenir l'honneur du rang suprême, et qu'on les compare à celles qui ont été allouées à d'autres souverains pour le même objet, on est frappé de l'immense différence tout en faveur de la royauté de 1830.

Louis-Philippe avait 12 millions de liste civile. Sur cette somme, dans les dix-sept ans et demi de son règne, il a consacré 222 627 000 francs à des dépenses faites, non pour sa personne, non pour sa famille, ni même pour l'entretien de la maison royale, mais uniquement dans l'intérêt de l'État, qui a profité de tout.

A côté de ce chiffre de 222 millions, dont personne n'a contesté l'exactitude, nous en placerons un autre que nous empruntons également à M. de Montalivet. « Le roi appliquait chaque année à son service personnel moins de 17 000 fr., et à sa dépense purement personnelle 10 000 fr. au plus. » Ce roi, qui dépensait pour son usage personnel 10 000 fr. par an, a dépensé en encouragements aux arts, aux lettres, à l'industrie, etc., 29 millions, et en munificences royales et charités 43 millions. On n'a pu donner ici qu'une vue d'ensemble sur l'emploi que le roi Louis-Philippe fit des revenus qui lui étaient alloués par l'État; ceux qui en voudraient connaître les détails les trouveront dans l'ouvrage de M. de Montalivet, et dans le *Compte de la liquidation de la liste civile*, par M. Vavin.

Un jour l'histoire impartiale pourra comparer ces chiffres à ceux des sommes perçues et dépensées par la liste civile du second empire.

Rappelons seulement ici que la liste civile de Napoléon III s'élevait à 25 000 000 par an, c'est-à-dire à plus du double de celle du roi Louis-Philippe. La liquidation nous apprendra peut-être quel usage il a été fait de cette somme énorme. En tous cas, qu'en reste-t-il à la France?

La révolution de Février eut pour résultat, en livrant à un examen minutieux tous les comptes de la liste civile, de faire justice des calomnies dont Louis-Philippe avait été l'objet tant qu'il était resté sur le trône, mais outre qu'elle amena dans le domaine privé d'affreuses dévastations évaluées à sept millions, elle parut d'abord mettre en péril le patrimoine que, dans sa prévoyance, il avait réservé à ses enfants. Tous les biens de la famille royale furent mis sous le séquestre. Cependant les membres du gouvernement provisoire écartèrent l'idée de confisquer le domaine d'un prince dont ils avaient été pour la plupart les adversaires passionnés. Dès que l'Assemblée constituante fut réunie, tout danger de spoliation disparut. Quelle Assemblée aurait osé méconnaître les lois au point d'annuler un acte qui, parfaitement légal en soi, avait été consacré par un vote formel des Chambres? La Constituante, tout en maintenant le séquestre dans l'intérêt de la liquidation de la liste civile, reconnut sans opposition le plein droit de propriété des princes d'Orléans sur les biens du domaine privé. L'Assemblée législative leva le séquestre en 1850, et les princes rentrés dans la libre disposition de leur patrimoine s'occupèrent activement de l'exonérer des dettes dont il était grevé. Ils vendirent des forêts pour environ douze millions et contractèrent un emprunt de vingt millions (souscrit jusqu'à concurrence de 18 500 000 fr.), qui dut être remboursé par annuités. Mais le 2

Décembre arriva. Louis-Napoléon ayant dissous l'Assemblée législative s'attribua le droit de faire des lois nouvelles et de ne pas tenir compte des lois existantes. En vertu du pouvoir dictatorial qu'il s'était arrogé, et sans se laisser arrêter par la loi de 1832, par les décrets-lois de la Constituante et de la Législative, il confisqua le 22 janvier 1852 tout l'ancien domaine privé du duc d'Orléans.

C'est cette iniquité que l'Assemblée nationale est appelée à réparer.

La loi présentée à la Chambre n'indemnise pas les princes de toute la perte que leur a causée la confiscation de 1852; elle leur rend seulement ceux de leurs biens dont le fisc n'a pas disposé. En allant spontanément au-devant d'un sacrifice que la loi, après tout, n'aurait pas eu le droit de leur imposer, les princes répondaient assez à ceux qui osent encore leur reprocher de réclamer à l'État 100 ou 150 millions.

Ces chiffres seraient vrais s'il s'agissait de rendre à la famille d'Orléans toutes les richesses perdues dans les deux révolutions de 1830 et 1848. Mais les détracteurs intéressés des princes cherchent en vain à tromper l'opinion. La

plus grande partie de ces richesses étaient apa-
nagères. Rentrés dans la vie privée, les princes
de la famille d'Orléans ne réclament que leur
fortune privée.

Dépouillés par un acte violent et illégal, ac-
compagné de considérants blessants pour la
mémoire de leur père, ils repoussent avant tout
les conséquences morales du décret du 22 janvier, l'insulte à leur honneur. Quant aux conséquences matérielles, ils les acceptent dans ce
qu'elles ont d'irréparable. Les acquéreurs de
leurs biens les garderont. Les œuvres charita-
bles dotées par l'empire aux dépens de leur patrimoine continueront à jouir paisiblement des
subventions qui leur sont attribuées. Ils ne re-
demanderont pas à l'État tous ces grands domaines aliénés : Neuilly, Monceaux, Le Rainey,
Bondy, Aumale, Bizy, Pacy, Vernon! Que la
loi qui doit être votée par l'Assemblée nationale rende d'abord un solennel hommage à la
mémoire de leur père en mettant à néant le décret insolent du 22 janvier ; qu'elle atteste leur
droit par une reconnaissance éclatante, voilà ce
qui leur importe.

Maintenant, que l'État leur rende les domaines d'Eu, de Dreux, d'Amboise, les actions du canal du Loing et d'Orléans, et d'autres débris de leur fortune non encore aliénés, et en échange de cette juste restitution, ils abandonnent une créance incontestable de plus de 26 millions. De quel côté est le sacrifice et où sont tous ces millions dont on fait tant de bruit?

Sans parler d'une créance de 13 millions officiellement constatée par la liquidation de la liste civile sous la République et provenant tant de la plus value de l'apanage avant 1830, que de l'accroissement du mobilier artistique de la Couronne sous la monarchie de Juillet, si l'on considère que le roi Louis-Philippe en montant sur le trône a rendu à l'État l'apanage de sa maison dont le revenu était de 2 millions et le capital de 100 millions, et si l'on ajoute encore les 28 millions de dettes contractées par lui pendant la durée du règne et payées sur son bien par le liquidateur de la liste civile et du domaine privé, dettes dont on connaît la patriotique origine, on voit que la famille d'Orléans aura payé de l'énorme somme de plus de 150 millions le périlleux honneur de régner sur la France!

Qu'on nous pardonne ce coup d'œil rétrospectif sur un passé tant calomnié, et revenons au sujet de notre étude, à la loi d'abrogation.

Par cette loi, le gouvernement va rendre aux princes d'Orléans ce qu'il ne pourrait retenir sans se rendre complice d'un acte que la conscience publique a condamné. Par cette loi faite autant pour prendre acte de la renonciation des princes et de leur généreux sacrifice que pour leur rendre leur patrimoine, le gouvernement enlève sans doute au Trésor un revenu de 900 000 francs environ, mais d'autre part il assure à l'État un bénéfice de 26 millions de francs et régularise sa situation vis-à-vis des acquéreurs des biens aliénés, désormais garantis de toute éviction.

Enfin, par cette loi, le gouvernement rend hommage au droit de propriété, si opiniâtrément attaqué dans nos temps de révolution, droit que l'État ne saurait violer chez un seul citoyen sans mettre en péril la fortune de tous.

Ce grand acte de probité politique honorera l'Assemblée nationale et obtiendra l'approbation de tous les honnêtes gens.

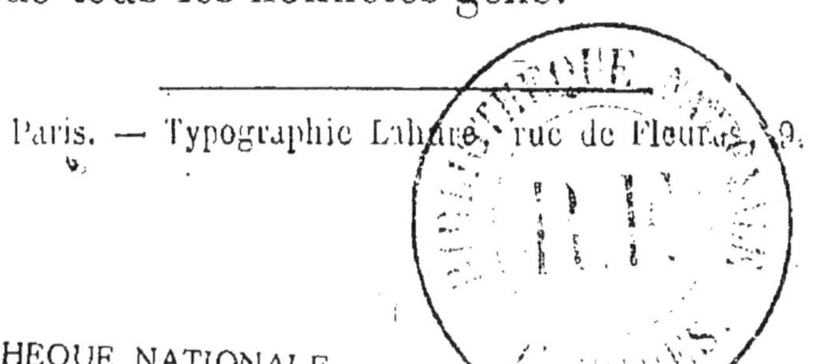

Paris. — Typographie Lahure, rue de Fleurus, 9.